www.tredition.de

AF217251

Robin Hut

Undichtigkeiten

Schräges - Poetisches - Prosaisches

www.tredition.de

Umschlag und Illustration: Sophie von Luhering

Verlag & Druck: tredition GmbH, Halenreie 40-44,
22359 Hamburg

ISBN
Paperback: 978-3-7497-4570-8
Hardcover: 978-3-7497-4571-5
e-Book: 978-3-7497-4572-2

Für Sylvia, die beste Ehefrau von allen.
(Frei nach Ephraim Kishon)

Anmerkung des Autors:

Dieses Buch basiert im Wesentlichen auf eigenen Einfällen und eigenem Erleben. Allerdings entstehen eigene Ideen durchaus auch im Zusammenhang mit Informationen, die ich irgendwann, irgendwie und irgendwo aufgenommen habe. Gesehen, gehört, gelesen. Und daraus entstehen dann Gedichte, Geschichten und Ähnliches. Leider kann ich nicht völlig ausschließen, dass eines dieser kleineren oder größeren Werke schon mal recht nahe an der ursprünglichen Information geblieben ist, besonders wenn dazwischen eine gewisse Zeit vergangen ist. Daher bitte ich rein vorsorglich schon einmal um Vergebung, wenn ich eine Idee oder gar ein Zitat von jemand anderem verwendet haben sollte, ohne dies speziell zu kennzeichnen. Dann ist dies sicherlich ohne Arg geschehen, und meinem schwächelnden Erinnerungsvermögen zuzuschreiben. Ich bitte um Freispruch, Euer Ehren!

Inhaltsverzeichnis

Wer bin ich?

Schriftsteller – Verbalextremist – Wortvögler?

Biographie

Gestatten, mein Name ist Hut, Robin Hut. Meine Martinis mag ich am liebsten von einer rührenden Barkeeperin geschüttelt. Anders als mein berühmter englischer Namensverwandter lebe ich nicht in den Tiefen des Sherwood Forest, sondern in einem Forsthaus im Norden Deutschlands. Und mich begleitet auch kein fetter, glatz-köpfiger Mönch namens Bruder Tuck, sondern eine hüb-sche, blonde Frau und ein ebenso bezaubernder, kleiner Hund namens Miss Sophie.

Geboren in der späten Mitte des vergangenen Jahrhun-derts wuchs ich in einer westdeutschen Großstadt auf, die sich mit wechselndem Erfolg durch Eingemeindungen immer wieder redlich Mühe gab, eine Millionenstadt zu werden. Nach Studium und Ausflügen in die Welten von Werbung, Industrie und Kunst habe ich nun beschlossen, endlich meinem Innersten nachzugeben und die vorlie-gende Sammlung erstklassiger Gebrauchslyrik und -prosa der Menschheit nicht mehr vorzuenthalten.

Die bei meiner Geburt schon vorhandene Neigung zu Undichtigkeiten begleitet mich seitdem, mittlerweile allerdings eher in literarischer Form. Und wenn es sich mal nicht reimt, soll es wenigstens dichten. Zum Leidwe-sen meiner Gattin kommen mir die besten Ideen und Ver-se oft schon morgens beim Rasieren oder spätestens beim Hundespaziergang. Und so ist sie stets die erste Testerin meiner geistigen Ergüsse. Ich gebe zu, das ist sicherlich manchmal hart, und entschuldige mich für das zugefügte Leid in aller Form. Aber meine Liebste ist hart im Nehmen. Mein Hund weniger, was sich durch anhaltendes Knurren zeigt. Aber nun sind sie endlich da: die "Undichtigkeiten".

PS: Eigentlich wollte ich ja eine Autobiographie schreiben. Aber letztlich hat man mich doch noch überzeugt, dass sich der geneigte Leser wohl eher nicht für meine Autos interessieren dürfte.

Sonntagsfragen

Inspiriert durch die Sonntagsfragen der Berliner Morgenpost

Heute ist Sonntag - wo wachen Sie auf?
- In meinem Bett im heimischen Forsthaus.

Was liegt auf dem Nachttisch?
- Ein Buch, zurzeit Helen Fields "Die perfekte Unschuld", und mein Smartphone, auf dem ich nächtliche Ideen festhalte oder Texte schreibe.

Und wer liegt neben Ihnen?
- Meine Ehefrau.

Was fehlt zu Ihrem Glück?
- Außer dem Jackpotgewinn eigentlich nicht viel.

Sind Sie ein Sonntagskind oder haben Sie sich erkämpft, was Sie sind?
- Ich war ein Sonntagskind, das später lernen musste, sein Leben neu zu gestalten.

Sonntagsläuten
- Wenn ich es höre, denke ich an die Aufenthalte bei meiner geliebten Großmutter, die direkt gegenüber der Frankfurter Paulskirche wohnte.

Und welche Musik werden Sie heute hören?

o Vielleicht Radio Swiss Jazz.

Wann haben Sie zuletzt gebetet? Um was?

o Ich bete nicht.

Gott ist ...?

o Ein nicht existenter Wunschtraum, der dennoch vielen Menschen Orientierung gibt, leider oft die falsche.

Der Mensch ist ...?

o Nur sehr beschränkt lernfähig.

Sonntagsbraten - Der Duft löst bei mir ...

o Gedanken an Spießertum aus. Bei uns gab es ihn nie.

Familie ist ...

o Im Laufe der Jahre rar geworden.

Heimat ist ...

o Da, wo die Menschen sind, die mir wichtig sind.

Deutschland bedeutet mir ...

o Einer der wichtigsten Teile Europas.

Wen laden Sie zu Ihrem letzten Mahl und was wird serviert?

○ Die beiden mir wichtigsten Frauen und die engsten Freunde. Ich kann mich nicht zwischen Lammkarree in Petersilien-Knoblauch-kruste und Tagliata vom Fassona-Rind entscheiden. Wir müssen also noch einen Tag dranhängen.

Sonntagsspaziergang - wohin?

○ Durch Wald und Heide.

Was war der schönste Weg Ihres Lebens?

○ Die ersten Schritte mit meiner gerade geborenen Tochter auf dem Arm.

Was war der schwerste Weg Ihres Lebens?

○ Die Nacht, in der ich meinen Vater beim Sterben begleitete.

Ihr bester Freund, was macht ihn aus?

○ Vorbehaltloses Vertrauen beiderseits.

Hat Sie einmal jemand gerettet? Und wovor?

○ Ja, meine heutige Frau. Vor verzweifelten Gedanken, die in einer noch verzweifelteren Tat hätte enden können.

Morgen ist Montag - was erwartet Sie?

o   Ein weitgehend selbstbestimmter Tag mit den kleinen Freuden des Lebens.

Woran arbeiten Sie gerade?

o   Ein Buch schreiben, einen Webshop ausbauen, einem Nachwuchsclub zur Geburt verhelfen.

Was können Sie am besten?

o   Unrealistische Träume formulieren.

Was fällt Ihnen schwer?

o   Mich zu disziplinieren.

Wen möchten Sie in dieser Woche auf keinen Fall sehen?

o   Donald Trump und Konsorten.

Schriftsteller

Ich stelle Schrift.

Seite an Seite stelle ich die Buchstaben. Oft müssen sie einander stützen, damit sie nicht umfallen. Müssen ihren Weg finden.

Ein Buchstabe folgt auf den anderen. Und ich habe jeden von ihnen gestellt. Sie docken ganz automatisch aneinander an. Das finde ich sehr dockmatisch.

Manchmal wechsele ich auch die Schrift, stelle sie einander gegenüber. Calibri, die gleichmäßig kalibrierte, die Langweilige. Und Times New Roman, die Antike mit Moderne verbindet, schon vom Namen her.

Ich stelle mir vor, dass die Buchstaben miteinander Verbindungen eingehen, wenn sie sich zu Worten formen. Sex zwischen Buchstaben. Miteinander verwoben, ungekünstelt, ungestellt. So als fänden die Lettern ihre Stellung von ganz alleine.

Aber ich stelle die Schrift zusammen. Ich habe die Macht über die Worte.

Ich bin der Schriftsteller.

Verbalextremist

Obwohl ich so harmlos aussehe, bin ich doch ein Extremist.

Ein Assoziations-Extremist.
Finde ich Gefallen an einem Wort, so bildet sich unweigerlich eine Kette von Assoziationen, die sich mir aufdrängen, ohne dass ich etwas dagegen tun kann.

Ein Reim-Extremist.
Höre oder lese ich ein Wort, so kann ich nicht vermeiden, endungskompatible Begriffe zu entdecken, die sich mir in Reimform geradezu aufzwängen.

Ein Dichtungs-Extremist.
Wenn es sich schon nicht reimt, soll es wenigstens dichten. So wie bei Goethens. Deshalb bin ich bei Klempnern so beliebt.

Ein Essay-Extremist.
Ein kleiner Hinweis reicht oft, um mich zu den kühnsten, kreativsten und klügsten Short-Stories zu inspirieren.

Ein Verbal-Extremist.
Manchmal erspüre ich innerhalb meines Kosmos einen Gedanken und es entwickelt sich daraus eine Idee für eine Geschichte. Und aus der Idee eine Geschichte.

Ein Traditions-Extremist.
Ganz der Tradition von Monty Python verhaftet. Und Edgar Allen Poe. Und Rosamunde P. - Macht keinen Sinn? Na eben!

Worte nur Worte nur Worte.
Ich bin der, der verbale Bomben hochgehen lässt. Wo kein Dichter, da kein Henker. Also zum Henker mit dem Dichter!

Wortvögler

Artistisch bin ich eher zweidimensional.
Ich bin ein Mann des Wortes.

Die dritte Dimension ist die Phantasie.
Sie blüht zwischen den Zeilen.

Meine Berufung ist der Wortspieler.
Freies Assoziieren, gern auch sinnlos.

Mit Worten vögeln, das ist es.
Sich zeilenlang ergehen.

Von früh bis spät

Morgenrituale

Zähne rasieren
Pillen putzen
Bart waschen
Achseln einnehmen

Brötchen lesen
Kaffee essen
Ei holen
Zeitung trinken

Hund küssen
Frau verlassen
Auto streicheln
Haus starten

Stechuhr verdienen
Computer loben
Sekretärin hochfahren
Geld bedienen

Telefon organisieren
Besprechung lesen
Emails essen
Mittag löschen

Mahlzeit!

Shower Power

Früh am Morgen gilt kein Pfuschen:
Mit kaltem Wasser sollst du duschen!

Wirst du dabei nicht richtig nass,
macht so das Duschen keinen Spaß,

Gibst du dich hin dann deinem shower,
bist du den ganzen Tag voll power.

Wenn voller Kraft die Tropfen prasseln,
vertreiben sie im Bad die Asseln.

Bei voller Kraft im Wasserhahn
packt dich im Nu der Prasselwahn.

Denn mit dem Nass darfst du nicht knausern
bei Duscholux und and'ren Browsern.

Mach draus ein Fest, dann geht es rund,
duschst du zugleich mit Frau und Hund.

Heimfriseurin

Komm, sei keine Lusche
und setz dich in die Dusche!
Ich komm gleich mit der Schere,
weil ich dein Haar begehre.

Will dich beim Schopfe packen
vom Scheitel bis zum Nacken.
Ich mache schnipp, ich mache schnapp:
der Zipfel über'm Ohr ist ab.

Es wuchert an den Seiten,
wo Locken aus sich breiten.
Ich werd' sie erstmal sichten
und dann gezielt vernichten

Doch die Geheimratsecken,
die lassen mich erschrecken.
Was sich hier im Geheimen tat,
da weiß ich mir auch keinen Rat.

Vielleicht packt mich das Grauen,
muss ich dich jetzt anschauen.
Zum Glück sehe ich keine Spur
von meines Hundes Mopsfrisur.

Wirbeltier

Auf dem Kopf bin ich ein Wirbeltier,
dann muss ich zum Frisör.

Hab wieder dann die Haare schön,
auf dass ich dich betör'.

Leibdiener

Hätte ich doch einen Leibdiener,
der nur für mich da ist.

So wie bei meinen Vorvätern
damals in alten Zeiten.

Der mir schon mal den Wagen holt
und der Harry heißt.

Der all die unangenehmen Dinge erledigt,
vor denen ich mich seit Jahren drücke.

Der vor dem Lesen meine Zeitung bügelt
nach alter englischer Butlersitte.

Der mir am Samstag das Bad einlässt
und dazu den Whisky serviert.

Oder besser noch eine Leibdienerin,
die nur meinem Leib dient.

Zahnpasta

Meine Freundin heißt Beate,
sie putzt die Zähne mit Colgate.
Und wer Cousine Gerda kennt,
der weiß, sie nimmt nur Blend-a-dent.

Ganz anders ist's bei Frau Sabine,
sie kauft seit Jahren Sensodyne,
denn sie hat sensible Zähne,
ganz wichtig, dass ich es erwähne.

Ob Elmex oder Aronal,
hier hat man stets die Qual der Wahl.
Und wer auf große Dinger steht,
greift gern und oft zu Theramed.

Das Zähneputzen wird zum Fest,
folgt man dem Rat von Doktor Best.
Den Lustgewinn am höchsten seh'
ich, mach ich es mit Oral-B,

obwohl mir mein Dentist empfahl:
versuchen Sie's mal mit Signal!
Die Zahnpasta ist echter Kack,
schützt sie dich nicht vor bösem Plaque.

Häng'n in den Zähnen noch die Würste,
hilft wirklich nur die Wurzelbürste.
Riecht's nach Bakterien, ist's zu spät,
dann hilft auch nicht mehr Blendamed.

Hüttenzauber

Nachts zähl ich mehr als tausend Schafe.
Unruhig wälz ich mich umher.
Ich wünsche mir, ich könnte schlafen,
doch es kommt der Alp nur näher.

Ich möcht' so gerne wieder schreiben!
Mir fällt schon lange nichts mehr ein.
Dann würde ich nicht länger leiden
und könnte wieder Dichter sein.

Mir fehlt die zündende Idee.
Weiß nicht, wie's weitergehen soll.
Ganz dringend fehlt mir ein Kaffee,
dann fühle ich mich wieder toll.

Es fehlt ganz einfach mir der Kick.
Langweilig rauscht vorbei das Leben.
Vielleicht genügt ein schneller Fick?
Oder braucht es vielmehr ein Beben?

So kann es gar nicht weitergehen.
Ich löse mich noch völlig auf.
Oh lieber Gott erhör mein Flehen
oder bist du genauso drauf?

Ich zittre, mir ist furchtbar kalt.
Die innere Kälte bringt mich um.
Bestimmt werde ich nicht sehr alt,
es droht schon das Delirium.

Kehr doch zurück, du meine Muse!
Gib Kreativität zurück!
Lass mich an deinem Busen schmusen
und bring mir wieder neues Glück!

Traumhaft

Ich träumte nachts so vor mich hin,
dass ich in 'nem Gefängnis bin.

Der Wärter klappert mit dem Schlüssel
und bringt mir endlich meine Schüssel.

Ich wache auf - völlig geschafft
und denke: War das nicht "Traumhaft"?

Body Talk

Der Unaussprechliche

Sagt man, ich muss nochmal "wohin",
verspricht man sich dort Lustgewinn.

Führt man gewissen Druck im Po,
heißt das, man sollte bald aufs Klo.

Nach fünf, sechs Bier und 'ner Bulette
muss man gewiss auf die Toilette.

Nach viel Kaffee und manchem Törtchen
erleichtert man sich auf dem Örtchen.

Und muss der Pups einmal hinaus,
dann geht es schnellstens ins Scheißhaus.

Am besten liest sich jede Zeitung
in Ruh' in der Fliesenabteilung.

Ist eins der Bierlein dann zu viel,
die Tropfsteinhöhle ist das Ziel.

Tut einem schon die Blase weh,
muss er doch schnellstens aufs WC.

Schamhaft verschweigt man den Abort,
denn unaussprechlich ist der Ort.

Allergie

Über mir, da liegt ein Fluch:
Ich brauche stets ein Nasentuch.

Es juckt - und dieses ist kein Scherz -
meist von der Stirne nasenwärts.

Geh ich im Sommer auf die Wiesen,
muss ich immer wieder niesen.

Und im Herbst, ganz mit Verlaub,
quält im Hause mich der Staub.

Jedes Jahr - bisher sind's zehn -
kommt ein neues Allergen.

Und diese bleiben mir auch treu.
Ist eines weg, kommt eines neu.

Nur eine die verlässt mich nie:
die gute, alte Allergie.

Heuschnupfen

Es ist mir ganz gewiss nicht neu.
Seit Tagen schnupf' ich nur noch Heu.
Denn immer, wenn die Gräser sprießen,
muss ich nach fünf Sekunden niesen.

Ich wusste allerdings auch nie,
woher sie kommt, die Allergie.
Kommt sie wirklich nur von Gräsern?
Dann lass ich mir die Nase lasern.

Denn die steckt nicht mehr in Büchern,
sondern im Haufen Taschentüchern,
ganz zart zur Nase, herrlich weich.
Hieß' ich bloß Tempo, wär' ich reich!

Und wird es einmal gar zu dolle,
weil sie mir juckt, die blöde Knolle,
steck' ich sie in den Wassereimer,
denn davon wird die Knolle kleiner.

Zwar muss ich jetzt entsetzlich prusten
und dazu kommt ein arger Husten,
doch das Kribbeln ist vorbei.

Das war mein letzter Lebensschrei.

Oschera

Auf dem Arsch, da liegt ein Fluch,
weshalb ich andere Worte such'.

Gemeinhin spricht man sowieso
erst einmal von einem Po.

Ganz niedlich redet man vom Pöchen,
setzt man das kleine Kind aufs Klöchen.

Und mancher findet es sehr geil,
spricht man neutral vom Hinterteil.

Beim Liebesspiel haucht er: Am Hintern
von dir möcht' gern ich überwintern.

Der Arzt spricht seinem Stand gemäß
in aller Regel vom Gesäß.

Gar grob wird es, ruft einer barsch:
Du bist doch echt der letzte Arsch!

Um diesen Streitpunkt zu umrunden,
hab ich die Lösung jetzt gefunden.

Ein Wort, das ziemlich elegant,
ist sicher: Oberschenkelrand.

In Kurzform sagt man Oschera,
als wäre es schon immer da.

Man stell' sich vor nach viel Trara
ruft man: Du bist ein Oschera!

Wenn man schon immer derart tickte,
gäb's weltweit weniger Konflikte.

Verarscht fühlt' sich der Mensch nicht mehr,
wenn er veroscherat nur wär.

Der Seufzer

Ach wie schwer ist mir ums Herz,
wie erfüllt mich jener Schmerz.

Es erschüttert Mark und Bein
zweifelnd an dem eignen Sein.

Doch plötzlich ist die Lösung da!
Kaum weiß ich, wie es geschah.

Es entrang vor lauter Frust
ein Seufzer sich der Heldenbrust.

Weit entfernt von aller Hast
und es entweicht die ganze Last.

Corona

Die Gerechtigkeit des Virus

Das Virus macht vor niemand halt,
ganz egal ob jung ob alt.

Ob nun auf Rädern oder Kufen,
Corona schaut nicht nach Berufen.

Es infiziert in allen Ländern.
Das kann bisher noch niemand ändern.

Nicht nur die Armen, auch die Reichen,
sind unter den Corona-Leichen.

Doch eines ist gar nicht so schlecht:
das Virus ist total gerecht.

Back & Druck

Krisen bringen Innovationen mit sich. Und das ist gut so, denn nur so entwickeln sich Mensch und Wirtschaft weiter. Gemeint ist damit natürlich nicht der Mensch der eine Wirtschaft besucht, sondern mehr die Ökonomie.

Infolge der Corona-Pandemie hat unser heimischer Filialbäcker klugerweise einen Online-Shop eingerichtet, in dem man alle seine Erzeugnisse zur Abholung in einer Filiale seiner Wahl bestellen kann. Das kommt insbesondere den Angehörigen einer Risikogruppe entgegen, die sich so nicht länger als unvermeidbar in einem Raum mit anderen Kunden aufhalten müssen. Außerdem kann man nun bargeldlos bezahlen, was ebenfalls das Infektionsrisiko reduzieren sollte. Theoretisch eine tolle Sache!

Praktisch scheint es mir aber schon ein wenig aufwendig zu sein, im Internet beispielsweise ein Mandelhörnchen zu bestellen, vielleicht meine 1,60 Euro vorab per PayPal zu bezahlen, um es dann beim Bäcker an der Ecke abzuholen. Denn mehr als ein Mandelhörnchen täglich pflege ich nun einmal nur in extremen Ausnahmesituationen (Vulkanausbruch, Tsunami, Erdbeben, Sintflut) zu essen.

Noch spannender wird dieser Erwerbsprozess, wenn ich erst mit dem Öffentlichen Personen-Nahverkehr (ÖPNV) zu meinem Mandelhörnchen anreisen muss und mich währenddessen mannigfaltigen Ansteckungsmöglichkeiten (Bushaltestelle, Haltegriff, hübsche Mitfahrerin, Ausstiegswunschsignalisierungsknopf) aussetze. Also alles eine Frage der angewandten Relativitätstheorie.

Was also wäre zur weiteren Prozessvereinfachung und Risikominimierung zu tun? Erfolgversprechend scheint mir das Konzept "Back und Druck" oder, wie es im Englischen heißt "Bake and Print" oder einfach "BAP" zu sein. Gewiss, das hört sich ein wenig wie der Name einer Gewerkschaft an, könnte aber durchaus ein tragfähiges Modell für die Zukunft sein.

Also, das geht folgendermaßen: man kauft bei der Bäckerei seines Vertrauens einen kleineren oder auch größeren Topf mit produktspezifischer Backmasse, sagen wir mal für 120 Mandelhörnchen. Der Bäcker stellt einem zugleich einen 3D-Drucker zur Verfügung, mit dem man sich sein tägliches Mandelhörnchen bedarfsgerecht ausdrucken kann. Zum Beispiel, wenn man Besuch bekommt oder sonntags auch mal zwei oder sieben. Eben genau das, was man gerade so braucht. Dieser 3D-Drucker müsste selbstverständlich eine Erhitzungs- oder Backfunktion haben, also eigentlich eine Art Thermomops sein oder wie auch immer dieser Hausfrauentraum heißt. Eben, so eine ganz heiße Nummer.

Klar, im Laufe der Zeit werden die Ansprüche der Kunden natürlich steigen. Brötchen mit Körnern, mit Mohn, mit Kürbiskernen, Mehrkornbrötchen, Laugenteig mit und ohne Salz. Das alles muss der Drucker selbstverständlich können.

Spannend wird es dann beim Drucken mehrschichtiger Torten. Der heimische 3D-Drucker muss schon ziemlich fit sein und natürlich über einige Tanks, ähnlich den Tintenpatronen, verfügen. Einen Teig Tank (nicht Think Tank) für den Boden und je einen für jede Schicht. Und die Formkirsche obendrauf will ja schließlich auch gedruckt werden. Das wäre dann das "Back & Druck Set für Fortgeschrittene".

Irgendwie erinnert mich das an die Werbung eines gewissen Dr. Ö. aus B. in meiner Jugend: "Unsere Oma backt im Kühlschrank eine Torte". Das aber jetzt in High Tech, also gewissermaßen "Torte 4.0" (oder Oma 4.0?), dem Backshop sei Dank.

Corona-Pups

Ein probates Mittel zur Aufrechterhaltung der sozialen Distanz in Krisenzeiten wird häufig vergessen: der Pups. Und doch ist dies eine ganz einfache und preisgünstige Methode, sich in Corona-Zeiten Zeitgenossen vom Leib zu halten, die das Gebot der Stunde immer noch nicht verstanden haben.

Der gemeine Pups an sich (flatulentia singularis) hat im Allgemeinen eine Reichweite von zwei Metern, also gerade ausreichend, um die nötige Distanz zu schaffen. Je nach Windstärke kann sich die Reichweite aber auch auf bis das Dreifache erhöhen. Der Distanzschaffende (vulgo Pupser) sollte stets die Windrichtung im Auge haben, um unerwünschte Effekte, beispielsweise bei starkem Gegenwind, zu vermeiden. Der reichliche Genuss von Hülsenfrüchten, Sauerkraut usw. ist im Übrigen durchaus hilfreich.

In besonders hartnäckigen Fällen der Distanzverweigerung ist der Dauerpups (flatulentia permanens) angesagt, der sich durch in Intervallen auftretende Schübe auszeichnet, und so für eine dauerhafte Vertreibung des sogenannten DD (Distanz-Delinquenten) sorgen kann.

Kontraproduktiv sind natürlich gasreduzierende Erzeugnisse der fleißigen Pharmaindustrie, sowas wie "Kitchen Thea's Reißdarm", "Iberospaß" oder so.

Auch die orale Verabfolgung von sogenannten LPH (liquiden Pups-Hemmern) wie Fernet Branco, Eros Ramazotti oder Unterberg sollte in solchen Krisenzeiten tunlichst unterbleiben, um nicht völlig distanzlos zu erscheinen.

Siehe hierzu auch die wissenschaftliche Untersuchung mit dem Titel "Corona und der Sturm im Darm" von Prof. Dr. Windbeutel.

Krinolinismus

Das Corona-Virus führt doch immer wieder zu verblüffenden Entwicklungen, oft mit dem Ziel, den sozialen Umgang miteinander zu vereinfachen. Um die Einhaltung des vorgeschriebenen Abstands von 1,5 bis 2 Metern zu erleichtern, schaute der weit über die Grenzen Mecklenburg-Vorpommerns hinaus bekannte Modeschöpfer Anton G. in die Archive des Heimatmuseums Parchim und fand sie wieder: die Krinoline. Laut Wikipedia: "Ein Reifrock ist ein durch Reifen aus Holz, Fischbein oder Federstahl gespreizter Unterrock. Je nach Form und Epoche unterscheidet man Verdugado, Panier, Krinoline oder Tournüre."

"Heureka, ich hab's!", sprach er in Anlehnung an einen seiner berühmten Vorfahren - allerdings mehr zu sich selbst, denn vom Outing war er zu jenem Zeitpunkt noch weit entfernt: "Das ist der Abstandhalter schlechthin." Wenn nun jeder in der Öffentlichkeit einen solchen Reifrock tragen würde, wäre ganz automatisch der notwendige Mindestabstand gewährleistet.

Anton G.'s Idee setzte sich durch und man begann in den folgenden Wochen mehr und mehr Menschen in Krinolinen auf den Straßen und Plätzen der Republik zu entdecken. Der Chefredakteur der altehrwürdigen Wochenzeitung "Die Zeit", immer noch einer intellektuellen Bastion in dieser schnelllebigen Zeit (sic!), sprach in einem Leitartikel bereits vom "Anbruch der Ära des Krinolinismus", was sich geradezu zum geflügelten Wort entwickelte (Anm. des Autors: Was hat das Wort eigentlich mit Geflügel zu tun? Vielleicht so was wie Zeitungsente?).

Das gänzlich Unerwartete geschah. Nicht nur die Damen - wie in früheren Zeiten üblich, nein, auch die Herren frönten dem Krinolinismus und trugen durch das Tragen von Reifröcken ihren Teil zum social distancing bei. Das hatte ganz nebenbei noch äußerst positive Auswirkungen auf die Umwelt. Dadurch, dass man sich mit einer Krinoline weder in ein Auto setzen konnte noch am ÖPNV teilnehmen konnte, sank sowohl die Schadstoffbelastung der Umwelt als auch die Verkehrsunfallrate. Somit würde sich die durchschnittliche Lebenserwartung der Bundesbürger im Schnitt um 17 Stunden erhöhen, wie das Statistische Bundesamt Jahre später errechnen sollte. Getrübt wurde diese insgesamt sehr erfreuliche Entwicklung allerdings durch eine drastische Zunahme der Knöchelbrüche und -verstauchungen, da die Krinolinisten, wie man sie inzwischen zu nennen pflegte, naturgemäß nicht mehr erkennen konnten, welche Stolperfallen vor, oder besser gesagt, unter ihnen lagen.

Auch dem deutschen Schlager gab die neue Bewegung wieder Impulse, was sich in den Top-Hits manifestierte wie: "Josephine mit der Krinoline" oder "Der Fridolin, der Fridolin, der zeigt sich in der

Krinolin". Auch der Sport profitierte durch die Einführung neuer Disziplinen wie Krinolinen-Weitsprung oder 400 Meter Kraulen mit Krinoline und den neuen Tanz "Turn around, turn around", bei dem es darauf ankommt, sich bis zur Bewusstlosigkeit mit seiner Krinoline im Uhrzeigersinn zu drehen. Schließlich konnten die Tänzerinnen und Tänzer dank des Reifrockes ja nicht umfallen. In England drehte man sich nach dem Brexit übrigens linksherum.

Nachdem die Bewegung sich über ganz Europa ausgebreitet hatte und damit der auseinanderdriftenden EU wieder einen neuen Zusammenhalt bescherte, begann der weltweite Siegeszug des Krinolinusmus, der sich geradezu viral ausbreitete und einen entscheidenden Beitrag zur Völkerverständigung leistete.

Anton G. bekam den Friedensnobelpreis, kaufte sich endlich die lang ersehnte Datsche in der Nähe von Kühlungsborn und züchtete weiße Zwergkaninchen als Alternative zur Friedenstaube.

To Do Liste in Corona-Zeiten

Termin verschieben, annullieren,
Schief gehängtes Bild justieren,
Kaffeepause, Zeit sich nehmen,
einfach aus dem Fenster lehnen.

Ohne Stress zwei Briefe schreiben,
sich sechs Kekse einverleiben,
Flammen gucken im Kamin,
verschiebe auch noch den Termin!

Halbe Stunde Müßiggang,
lauschen nach dem Glockenklang,
wieder eine Kaffeepause,
schnell unter die warme Brause,

Facebook schauen, WhatsApp senden,
per Email alten Streit beenden,
Artikel lesen, Rasen mähen,
endlich mal den Knopf annähen!

Sich nicht mit der Gattin zoffen,
auf den nächsten Sommer hoffen,
Diele fegen, Zeitung lesen,
alles schon mal dagewesen.

Mit Hündchen eine große Runde,
Viertelstunde Warenkunde,
gemeinsam kochen mit der Frau,
fünf Mal am Tag die Tagesschau.

Pünktlich um fünf Uhr zum Tee,
träum vom Urlaub an der See,
Feuer im Kamin anfachen,
für morgen neue Liste machen.

Die Dinge des Lebens

Bakterien

In den Lüften ganz weit oben,
dort, wo die Mikroben toben,
an den Lehnen, auf den Sitzen
spür ich die Bakterien flitzen.

Schmierfilm lacht von allen Tasten,
wenn wir durch das Leben hasten.
Dreck an Türen und an Klinken,
lässt die Hygiene deutlich sinken.

An Toiletten und an Becken
können Viren sich verstecken.
Und an tausend Monitoren
sammeln sich gar üble Sporen.

Erst wenn's Bakterium regiert,
gibt man sich lösungsorientiert.
Denn es zeugt gewiss von Reife,
wäscht man die Finger sich mit Seife.

Der Pieselsünder

In Bars und sonstigen Gaststätten
steht ziemlich oft - ich möchte wetten -
ein Kübelchen - ihr wollt's nicht missen -
mit Erd- und and'ren netten Nüssen.

So als Begleitung zu Getränken
scheint der Wirt sie zu verschenken.
Doch dienen sie nur dem Bestreben,
den Durst des Gastes anzuregen.

Der greift hinein mit seinen Pfoten,
um den Inhalt auszuloten.
Doch wo die Finger vorher waren,
liegt am persönlichen Gebaren.

Kommt der Herr grad aus den Toiletten,
hat mancher Gast - so möchte' ich wetten -
die Finger sich nicht mal gespült,
bevor er in den Nüssen wühlt.

Meinem Bedürfnis nach Hygiene
gilt trauernd gar so manche Träne.
Denk nach, was wir ertragen müssen,
greifst du behänd nach deinen Nüssen!

Paradieschen

Seh' ich von unten die Radieschen,
so fühl ich mich wie Müller's Lieschen
und denk spontan so für mich hin,
ob ich als Gärtner tauglich bin.

Seh' ich Radieschen mal von oben,
fühl ich in mir den Zwiespalt toben
und frage mich und nach dem Sinn,
ob ich radieschentauglich bin.

Es strebt der Mensch mit allem Schweiß
seit jeher hin zum Paradeis.
Glückseligkeit sei der Gewinn,
dort, wo ich dann für immer bin.

Der Wunsch, der mich niemals verlies,
war der nach meinem Paradies.
Komm ich dort an, stöhn ich ein bisschen
und seh' von unten die Radieschen.

Portoerhöhung

Die Post holt sich's vom kleinen Mann,
der kaum noch Briefe schreiben kann.
Das Porto kostet jetzt mehr Geld,
was mir natürlich sehr missfällt.

Wenn's Porto zu viel kost',
ist Schluss bald mit der Post!

Um die Zeit mir zu vertreiben,
muss ich nunmehr Emails schreiben.
Statt einem Brief für 90 Cent
ich Grüße per Computer send.

Wenn's Porto zu viel kost',
ist Schluss bald mit der Post!

Ich könnte auch whatsappen,
bin keiner von den Deppen.
Mich haut die Post nicht übers Ohr,
da sei die Elektronik vor.

Wenn's Porto zu viel kost',
ist Schluss bald mit der Post!

Bei solchen Porto-Preisen
kann ich auch gleich verreisen.
Bring ich die Grüße selbst vorbei,
ist mir das Porto einerlei.

Wenn's Porto zu viel kost',
ist Schluss bald mit der Post!

Ihr werdet es kaum glauben,
ich schick den Brief per Tauben!
Das geht ganz ohne C-O-zwei
und sonntags hat der Vogel frei.

Wenn's Porto zu viel kost',
ist Schluss bald mit der Post!

Es wird nochmal so enden:
die Post wird nichts mehr senden.
Dann ist das Porto scheißegal,
denn sie steht dann nicht mehr zur Wahl.

Wenn's Porto zu viel kost',
ist Schluss bald mit der Post!

Sylvester-Böllerei

Von Jahr zu Jahr wird es noch döller,
es knallen die Sylvester-Böller.
Der Lärm zerfetzt beinah mein Ohr
und das schon tagelang zuvor.

Es ist zwar sehr hübsch anzuschauen,
du kannst kaum deinen Augen trauen,
Raketen leuchten in Kaskaden,
doch wer will schon in Phosphor baden?

Feinstaub verdunkelt jetzt die Erde,
auf dass es endlich Neujahr werde.
Asthma und im Hals das Kratzen
kann dir den Jahresstart verpatzen.

Von unseren Tieren ganz zu schweigen,
sie müssen da entsetzlich leiden.
Beim Knallen flüchten Hund und Katze
blitzesschnell unter die Matratze.

Verpulvert werden hier Millionen,
die sich an anderer Stelle lohnen,
um Nöte vielerorts zu lindern
bei Kranken, Alten oder Kindern.

Gönnen wir uns Brot und Spiele,
doch statt des Feuerwerks zu viele
sollt' eins dem Volke doch genügen
in jedem Ort von Ulm bis Rügen.

Hitchcock

Es gibt Menschen, die immer wieder die eigenen Gedanken durchstreifen. Auch wenn sie weit weg sind oder vielleicht gar nicht mehr auf dieser Erde weilen, tauchen sie in Träumen auf, beeinflussen Überlegungen, schleichen sich sogar ganz heimlich in Entscheidungen ein.

So wie Alfred Hitchcock, der in all seinen Filmen einfach irgendwann durchs Bild läuft. Kaum hat man ihn bemerkt, hat er sich auch schon wieder verflüchtigt.

Wie eine Fata Morgana - ganz real und doch nicht existent.

Freundschaft

Vor 20 Jahren, zur Jahrtausendwende, schien mir der Freundschaftsbegriff noch einigermaßen klar definiert. Er galt für Menschen, mit denen man bereits im Sandkasten gespielt hat, mit denen man während der Schul- und Studienzeit durch dick und dünn gegangen ist, die einen durch die tiefen Täler des Liebeskummers begleitet haben oder einem in anderen Krisensituationen beistanden. Das waren Freunde.

Noch vor dem Siegeszug der Social Media begann der Begriff des Freundes langsam Risse zu bekommen. Auf dem Golfplatz tauchten auf einmal Fremde auf, die einem für die Turnierrunde das DU aufzwangen, das im Extremfalle auch ein reines Tages-DU sein konnte, an das sich der Initiator zwei Tage später außerhalb des Golfplatzes nicht mehr erinnern konnte. Insbesondere, falls sich herausstellte, dass er der Anwalt der gegnerischen Partei war. Das lehrte mich, mir meine Golfpartner etwas genauer anzusehen.

In den neu aufkommenden Social Media wie Facebook lernte man, wie leicht es war, seinen Freundeskreis innerhalb weniger Stunden um Tausende von Freunden zu erweitern. Und das, obwohl man die neuen Freunde noch niemals zu Gesicht bekommen hatte und dies voraussichtlich auch niemals erleben würde. So entschied ich mich, dieser Aufdringlichkeit durch Verweigerung zu entgehen.

Und dann gab es irgendwann auch noch die Freunde in einem zweifellos honorigen Serviceclub, der sich zu Recht auf die Fahnen geschrieben hatte, sich um die Benachteiligten in unserer Gesellschaft zu kümmern. Aber einigermaßen überraschend war es schon, so plötzlich drei oder vier Dutzend zunächst Unbekannte mit 'Freund' anreden zu dürfen oder zu müssen. Wie so meistens im Leben waren darunter ein paar, die sich diesen Titel im Laufe der Jahre verdienen würden, aber auch ein paar, die man nun wirklich nie und nimmer zum Freund hätte haben mögen.

Letzteres ist selbstverständlich politisch nicht korrekt und gesellschaftlich völlig unakzeptabel. Aber mit einem gewissen Lebensalter verändern sich die Prioritäten. Dann bleiben nur noch die Freunde übrig, mit denen man eine gewisse Seelenverwandtschaft spürt. Und die anderen können einen mal ...

Interzombie-Messe

Düsseldorf, 01.04.2020. Die Messegesellschaft Düsseldorf hat eine neue Fachmesse in ihr Programm aufgenommen. Die Interzombie wird die weltweit erste interstellare Messe sein, die ein gemeinsames Forum für Irdische und Außerirdische bietet. Renommierte Wissenschaftler gehen davon aus, dass infolge der geradezu dramatisch anwachsenden Weltbevölkerung auch die Zahl der Untoten oder, wie manche Wissenschaftler sie bezeichnen, der in einer Zwischenwelt Verweilenden, eine deutlich progressive Zunahme erfahren wird. Geht man außerdem davon aus, dass in anderen Galaxien ebenfalls verwandte Wesen existieren, so wird selbst dem unvoreingenommen Betrachter klar, dass die Beschäftigung mit diesem Phänomen nottut.

Der Sprecher der Messe Düsseldorf, Gerhard Gösebrecht jr. betont, dass auch Vampire aller Altersstufen herzlich willkommen seien, egal ob aus dem viktorianischen England oder dem spätmittelalterlichen Transsylvanien, der heutigen Teilrepublik Rumäniens.

Man habe die Gerichtsmedizin der Stadt Düsseldorf, wie auch der umlegenden Regierungsbezirke dafür gewinnen können, eine ausreichende Anzahl von nächtlichen Ruhestätten, von der einfachen Holzklasse bis zur 5-Sterne-Deluxe-Unterkunft, bereitzustellen.

Der Eintritt für die fünf Tage dauernde Messe kostet 15 Taler, das einfache Tagesticket 5 Taler. Teilnehmer über 300 Jahre erhalten 50 % Ermäßigung. Man habe bewusst die Währung Taler gewählt, da diese der Mehrzahl der Teilnehmer geläufig sei. Die Veranstalter hoffen auf eine rege Teilnahme.

Jahreszeiten

Der Lenz

Es knospet hier, es knospet da.
Den Lenz, den fühl ich schon ganz nah.

Ich widme ihm gar manche Ode
als des Herbstes Antipode.

Und durch die Lüfte flattern Schatten,
wenn gleich die Enten sich begatten.

Die Sonne wärmt noch nicht den Wind,
der viel zu kalt ist, wie ich find.

Mal ist's schon warm, mal wieder kalt,
der April wechselt gern mal halt.

Frühlingsgefühle

Der Frühling naht mit großen Schritten,
die Sonne scheint auf die Terrassen.
Die Mädels zeigen ihre Titten
und prosten mit Espressotassen.

Die Meisen picken an den Knödeln,
die Sonne scheint und wärmt das Herz.
Mir steht der Sinn nach frohem Vögeln,
denn mir juckt ordentlich der Sterz.

Sommer

Wenn morgens schon die Tropfen fallen,
mit voller Wucht vom Himmel knallen,
dann ist - wer hätt's nicht schon erkannt,
der Sommer da in unserem Land.

Speziell an freien Wochenenden,
träumt man vom Grill mit Rinderlenden,
da wird es düster und von oben
hört man schon das Gewitter toben.

Der wunderbare Sonnenschein
schaut werktags nur zum Fenster rein.
Von Montag bis zum Donnerstag
ist permanenter Sommertag.

Vier Tage Sommer in der Woch':
wer redet da vom Sommerloch?
Und die Statistik sagt uns dann:
so 'n Sommer gab's nicht mehr seit Lang'm.

Mal ist es kalt, mal ist es heiß.
Ob Petrus nichts vom Sommer weiß?
Ein Mischmasch aus den Jahreszeiten
wird uns drei Monate begleiten.

Ich überleg von früh bis spat:
Ob wohl die nächste Eiszeit naht?
Was früher hieß Altweibersommer
wird umbenannt in Eisbärjammer.

Bei fünfzig Tagen schönster Sonne,
das ist doch wohl die reinste Wonne.
Wer fragt, wo denn der Sommer bleibt,
der ist doch wirklich nicht gescheit!

Dann sitzen wir, statt Eis und Schnee,
und sonnen uns im Eiscafé.
Am nächsten Tag bei Minusgraden
verzichten wir auf's Sonnenbaden.

Kulinarisches

Gerüche

Knoblauch - Geruch der Freiheit

Meeressalz - Sehnsucht des Universums

Lavendel - Mediterrane Lebenslust

Gänsebraten - Völlerei ohne Grenzen, jenseits des Cholesterinspiegels

Verbranntes Rizinusöl - Helden vergangener Zeiten

Gülle - 1000 Jahre Ackerbau

Braunkohle/Zweitakter - Arbeiter- und Bauernstaat

Kuhdung - Alpenglück auf der Alm

Bohnerwachs - Kindheit

Kerzen und Tannennadeln - kindliche Geborgenheit

Heu - Sommer

Nasses Laub - Herbst

Kaminholzfeuer - winterliche Gemütlichkeit

Gebratener Speck - Nirwana

Der Griff nach den Sternen

Im Zuge höchster Dekadenz
drängt man zum Herd. Ein Jeder kennt's.

Der Hobbykoch strebt schon nach Sternen,
kann er grad mal das Wasser wärmen.

Er träumt von tollen Röstaromen
und kennt doch höchstens Schnippelbohnen.

Verkocht dann noch die Reduktion,
erntet der Chefkoch Spott und Hohn.

Schon zwanzig Grad zu viel im Rohr
kommen zum Glück nur selten vor.

Wenn lange Garzeiten verlocken,
wird der Braten schon mal trocken.

Und platzt der Beutel bei Sous-Vide,
dann ist das einfach großer Schiet.

Es soll doch allen Gästen schmecken!
Sie sollen sich die Finger lecken!

Es reicht, ihr kocht ganz einfach gerne.
Verzichtet auf den Krieg der Sterne!

Der verhinderte Weber-Knecht

Ganz unruhig ruckt er mit dem Hintern:
Bald ist's vorbei mit Überwintern.

Es warten schon in kleinen Gruppen
die Weber-Freunde vor dem Schuppen.

Drin steh'n seit langem, ohne Witz,
zwei Gasgrills und ein Kugelblitz.

Würstchen und Steaks sind in der Truhe,
genießen noch die Winterruhe.

Erworben auch im Billigstwahn
für 20 Cent der halbe Hahn

stets Framstags aus dem Angebot
gegen die allergrösste Not.

Das schont erheblich das Budget
dank Massenstall, ojeh ojeh!

Bald wird das Bier in Strömen fließen,
wenn sie sich's auf die Lampe gießen.

Craft-Beer aus der Manufaktur,
das stützt am besten die Figur.

Angrillen heißt jetzt die Devise
hinter dem Haus gleich auf der Wiese.

Her mit dem Gas in dicken Flaschen.
Am besten auch etwas zu naschen.

Noch eine Riesentüte Chips
zum Räuchern und auch Erdnussflips.

Auch für den Kugelgrill die Kohle,
dafür verbrannt wurd' manche Bohle.

Es zuckt die Flamme, zischt das Gas,
das wird ein riesengroßer Spaß!

Gegen den allergrössten Durst
brät er sich erstmal eine Wurst.

Doch Petrus setzt heut auf Gewitter,
auf Facebook angesagt und Twitter.

Als wäre er ein Grillgut-Hasser
setzt er den Weber unter Wasser.

Es zischt, es pufft, erstickt die Flamme.
Vorbei mit Grill, ach Gottverdamme!

Nicht nur der Fisch schwimmt jetzt im Nass.
Das macht doch wirklich keinen Spaß!

Während er in die Pfützen stiert,
der Weber-Knecht, er resigniert.

Auch wenn ich heut nicht grillen kann,
bleib ich doch voller Tatendrang.

So ess' ich diesmal statt zwei Steaks
nur einen Schokoladenkeks.

Ich seh auch positiv den Rost,
weil der mich nur ein Lächeln kost.

Das ist des Meistergrillers Lohn.
Was schert ihn groß die Korrosion?

Der Vakuumist

Wenn's Datum abgelaufen ist,
kommt er in Schweiß, der Vakuumist.
Er wird zum Held, zum Würste-Retter,
macht aus 'nem "good" sofort ein "better".

Bevor etwas austrocknen kann,
beweist sich unser Vakuum-Mann.
Mit Beuteln von verschiedener Größe
gibt er sich schweißend keine Blöße.

Doch gibt's hier auch noch eine Kür,
da folgt er ganz seinem Gespür:
Die Königsdisziplin sous-vide
befriedigt Vakuumisten-Triebe.

Luftleerer Raum ist stets begehrt,
wenn man auf zartes Fleisch abfährt.
Denn er als Individuum
verehrt nun mal das Vakuum.

Gereift in leck'rer Marinade,
abgeguckt bei Meister Pade,
kommt das Objekt erst in die Tüte
und zieht dann durch zu voller Blüte.

Genau bei sechsundfünfzig Grad
schreitet der Vakuumist zur Tat.
Zum Abschluss dann in aller Stille
kommt es auf vorgeheizte Grille.

Hamburger

Frikadelle im Brötchen
für Kluge und Blödchen.
Was soll daran toll sein?
Der Bauch soll halt voll sein.

Vielfältige Lagen
belasten den Magen.
Zwiebeln und Tomaten
ergänzen den Braten.

Ein schlaffes Salatblatt
macht doch jedes Schaf satt.
Mayo, Senf und Ketchup
ersetzen das Makeup.

Ein arges Geklecker
für wüste Geschmäcker.
Der Burger ist rund,
passt kaum in den Mund.

Wenn du ihn dann frisst,
zeigst du, wer du bist.
Mit gestützten Armen
gibt es kein Erbarmen.

Messer und Gabel
sind nur für den Adel.
Uns reichen die Finger
für die runden Dinger.

Dann läuft dir die Soße
auf Ärmel und Hose.
Hier lässt sich nicht pfuschen,
da hilft nur noch duschen.

Gehst du auf die Waage,
beginnt gleich die Klage.
Die Spezialitäten
trotzen allen Diäten.

Hamburger als Fastfood
erfordern sehr viel Mut.
Frankfurter und Wiener
sind da doch viel cleaner.

Kaiserschmarrn

Wenn ich an langer Tafel sitz,
dann träume ich von Tafelspitz
mit Kren.
Jo, wär dös scheen!

So sprach dereinst der Kaiser,
im Wahn und etwas heiser,
zu seinem Koch.
Obwohl er Meerrettich nicht mocht'.

Er hielt die Leute gern zum Narr'n,
erzählte liebend gerne Schmarrn
mit Freude.
So wär es auch noch heute.

Doch leider ist der Kaiser tot,
erstickte einst beim Abendbrot
am eignen Garn.

So kam's zum Kaiserschmarrn.

Wie die Linzer Torte
in mein Leben trat

Im vorletzten Jahrhundert des verhangenen Jahrtausends pflegte meine ungarische Urgroßmutter väterlicherseits zu Beginn der dunklen Jahreszeit ihre Freundinnen bei leiser Kammermusik um sich zu scharen. Zu diesen Gelegenheiten wurden stets die feinsten Torten und Kuchen nach den vorzüglichsten Rezepten der besten k.u.k. Patissiers gebacken.

Und die fabelhaften Leckereien waren doch immer wieder dazu angetan den geladenen Damen kleine, spitze Schreie des Entzückens zu entlocken, ganz besonders die bei Jederfrau und Jedermann beliebte Linzer Torte. Gleichsam als wiederkehrendes Ritual sagte meine ungarische Urgroßmutter väterlicherseits dann jedes Mal aufs Neue: "Wird es draußen finster, backen wir 'ne Linzer."

Und so kam es, dass Rezept und Zitat von Generation zu Generation weitergegeben wurden.

Orangensaft

Trink morgens ich Orangensaft,
gibt er mir wieder neue Kraft,
die nach dem Bumsen mir entschwunden,
und macht mich fit für neue Runden.

Schinkenbrot

Bei einer kleinen Hungersnot
hilft ganz oft ein Schinkenbrot.

Dieses schmeckt dem Menschen gut
und auch der Hund schaut frohgemut.

Auch wenn er gar nicht angeleint.
Das Schinkenbrot hat sie vereint.

Teelegen

Ein Beutel kommt mir nicht ins Haus!
Ja mit dem Tee kenn ich mich aus.
Denn nur aus lauter Resten
bekommt man nie den besten.

Des Morgens English Breakfast Tea
trinke ich selten oder nie.
Ganz edel scheint mir der Earl Grey,
auf den ich ganz besonders steh.

Die Lady Grey ist auch ganz schön,
wenn ich den Gaumen mir verwöhn.
Doch der Tee aus Ceylon
schmeckt mir zu sehr nach Nylon.

Und für einen Darjeeling
zahl gern ich manchen Schilling.
Die Frage: erster, zweiter Flush
entscheide ich immer ganz rasch.

Langweilig ist der Tee in grün,
er taugt nicht mal zum Alpenglüh'n.
Speziell ist auch der Jagatee,
der schmeckt mir nur in großer Höh'.

Von Früchtetees bin ich kein Freund.
Da greife lieber ich zum Joint.
Ganz ehrlich, Hagebutten
sind nur für die Kaputten.

Mit frischem Tee von Pfefferminz
bist und bleibst du mein holder Prinz.
Der Duft von heißem Eisenkraut
geht mir stets sehr unter die Haut.

Ich zeige schon von weitem gern:
ich bin ein Teefan mit drei Stern'n,
dem auf dem Hemd die Kanne prangt.
Die Botschaft ist wohl angelangt.

Die Kleidung zeugt von Leidenschaft:
Tee-Shirts find ich ganz fabelhaft.
Ein Fleck vom Kaffee auf der Hose
kommt bei mir nicht in die Dose.

Brauche ich Nachschub einmal schnell,
eil ich in meinem T-Modell
zum nächstgelegenen Supermarkt,
wo draußen schon die Frau einparkt.

Gewiss, ich bin in Tee verknallt.
Das macht auch nicht vorm Urlaub halt.
Ich fahr gern an den Tegernsee,
weil ich nun mal den Tee gern seh'.

Bei Kind und Herrn und Dame
mach ich für Tee Reklame.
Ich kann die Menschen gut versteh'n,
die sagen, ich sei teelegen.

Kulturelles

Hommage an Christian M.

Ich lief so ganz im Gange
ganz einfach für mich hin.
Mein Kopf war leer
statt öd und schwer.
Verloren war mein Sein -
und gar nicht rein!

Nun wurd' mir Angst und Bange,
ich fragte nach dem Sinn:
Wie? Was? Wo? Wer?
Wo sind wir her?
Was nützt der schnöde Schein?
So soll's nicht sein!

Zum Glück nicht allzu lange
ging ich so für mich hin.
Gar öd und leer
war mir jetzt sehr.
Ich fühlte mich allein.
Ich, armes Schwein!

Hommage an Friedrich S.

"In diese hohle Klasse muss er kommen."
(*Der Schüler* in Schiller's "Wilhelm Tell", vierter Akt, dritte Szene)

"Drum prüfe, wer sich ewig bindet,
Ob sich das Herz zum Herzen findet.
Der Wahn ist kurz, die Reu ist lang."
(*Der Psychiater* in Schiller's "Das Lied von der Glocke")

"Wehe, wenn sie losgelassen."
(*Der Löwenbändiger* in Schiller's "Das Lied von der Glocke")

"Große Gelüste dämmern auf in meiner Seele!
Riesenpläne gären in meinem schlüpfrigen Schädel."
(*Der Lustmolch* in Schiller's "Die Räuber, erster Akt, zweite Szene)

"Das Moor hat seine Schuldigkeit getan. Das Moor kann gehen."
(*Der Torfstecher* in Schiller's "Die Verschwörung des Fiesko zu Genua", dritter Akt, vierte Szene)

"Früh übt sich, was ein Meister werden will."
(*Der Anstreicher* in Schiller's "Wilhelm Tell", dritter Akt, erste Szene)

"Der kluge Mann kaut vor."
(*Der Dentist* in Schiller's "Wilhelm Tell", erster Akt, zweite Szene)

"Das Alte stürzt, es ändert sich der Teig. Und neues Leben blüht aus den Rosinen."
(*Der Bäckermeister* in Schiller's "Wilhelm Tell", vierter Akt, zweite Szene)

"Und ich erwart' es, dass des Metzger's Stahl auch schon für meine Brust geschliffen ist."
(*Der Ochse* in Schiller's "Wallensteins Tod", erster Akt, siebente Szene)

Ich wär' so gerne Dirigent

Jeder, der mich bestens kennt,
weiß, der Mann hat viel Talent,
er wär' ein toller Dirigent.

Steh' endlich ich auf dem Podest,
wird jedes Konzert gleich zum Fest.
Da gebe ich my very best.

Mach' Camping ich im Caravan,
treibt es mich häufig fast zum Wahn:
Dann fühl' ich mich wie Karajan.

Wenn ich mir dann die Haare schäum,
träum' ich, ich wär' der Barenboim,
und das an jedem Tag von neuem.

Ich denke an den Hauptgewinn,
ich schmelze innerlich dahin
komm' vor ich mir wie Menuhin.

Es würd' für mich das Größte sein,
vielleicht das pure Glück allein,
wär' ich nur Leonard Bernstein.

Hör' ich Konzerte mit Masur,
ist das die reinste Freude nur.
Ach, wär' ich nur auf seiner Spur!

Vergleich' ich mich mit Simon Rattle,
dann fighte ich the hardest battle,
fast wie bei Formel 1 der Vettel.

Doch in Verzückung komm' ich nur
Hör' ich Nikolaus Harnoncourt
beim Festival in Mülheim/Ruhr.

Konzerte mit Claudio Abbado
sind schöner als der zarte Fado
bei einem würzigen Asado.

Genieß' ich Kaviar mit Blini,
wie einst Arturo Toscanini,
fühl' ich mich fast wie Bayern's Kini.

Ich sollte gar nicht lange fragen,
vielleicht an heil'gen Feiertagen
und mich ans Dirigieren wagen.

Natürliches

Über den Wolken

Wolken - sie verkörpern das Schöne und das Düstere.

Von unten betrachtet können Regenwolken düstere Traurigkeit mit sich bringen. Von oben zeigen sie stets das strahlendste Weiß als Widerschein der Sonne und umspannen die endlose Weite des Erdenballs.

Über den Wolken ist die Phantasie unbegrenzt, unter den Wolken droht die Enge der Realität uns bisweilen aufzufressen.

Gut, dass die Wolkendecke manchmal aufreißt und uns für eine Weile träumen lässt.

Über den Wolken herrscht Freiheit und immer gute Laune. Das muss der Himmel sein.

Waldemar

Ich lieg im Wald so für mich hin
und schaue in die Birken.
Ich frage mich, warum ich bin
und ob sie was bewirken.

Ich träume einfach vor mich hin
und schaue in die Buchen.
Was wäre wohl, wenn ich nicht bin?
Und denk an Apfelkuchen.

Ich such im Walde nach dem Sinn
und schaue in die Eichen.
So wart' ich auf den Hauptgewinn
und stelle meine Weichen.

Ich frag' mich, ob ich glücklich bin
und blicke auf die Zedern.
Ich weiß, es haut nicht immer hin.
Wir alle lassen Federn.

Ich schau so gern in Baumes Kronen
und find sie wunderbar.
Das Sein im Walde wird sich lohnen.
Hieß ich doch Waldemar!

Waldmeister

Der Meister ist im Wald verschollen
und kümmert sich dort um die Knollen.
Ob die das wollen?

Er lärmt herum mit seiner Säge,
gibt so dem Walde sein Gepräge.
Er ist nicht träge.

Ganz unabhängig von dem Wetter
kümmert er sich auch um alle Blätter.
Er ist ihr Retter.

Ob Eichen, Birken oder Buchen,
man muss im Wald nicht lange suchen.
Man hört ihn fluchen.

Ergötzt sich an der Rehe Losung.
Am liebsten hätt' er seine Wohnung
gleich in der Schonung.

Er liebt des Waldes schöne Seiten,
lässt sich von Käuzchenrufen leiten
in Forstes Weiten.

Beschwört er nächtens Wild und Geister,
ist er des dunklen Waldes Meister,
ein Zeitgereister.

Waidmannsdank

Schreckende Rehe
und krächzende Krähen
prägen den Morgen,
wohl bar aller Sorgen.

Denn mit dem Futter
ist alles in Butter.
Auf der Wiese Gülle
gibt es auch in Fülle.

Zur Rechten, zur Linken
darf's heute ruhig stinken.
Da freut sich das Gras.
Das macht richtig Spaß!

Der Bussard, der kreist.
Die Taube, die scheißt.
Die Kuh, lacht dazu.
Das ist ja der Clou!

Ich spür' die Natur,
erlebe sie pur.
Heim trunken ich wank'.
Jedenfalls Waidmannsdank!

Nett Pilzken

Es steht ein Pilz am Waldesrand.
Der ist mir völlig unbekannt.
Ich sollte ihn wohl einmal testen.
Vielleicht gehört er zu den Besten?

Oder lasse ich ihn stehen?
Ist er gar halluzinogen?
Besteht vielleicht aus purem Gift?
Nicht schlimm, wenn es den Richt'gen trifft.

Zählt er zu den Delikatessen
oder wird nur vom Schwein gefressen?
Ist der Sau dann richtig übel,
kommt der Pilz gleich in den Kübel.

Doch isst der Gast ihn richtig gerne,
kriegt der Koch dafür zwei Sterne.
Ob diese auch mein'n Waldpilz ziert,
wird nachher einmal ausprobiert.

Doch bleibt die Krönung der Natur
im Wald, so schön und rein und pur,
wie er so steht auf einem Bein:
Ja, das kann nur der Mischpilz sein!

Ein Pilzgedicht

Unter Eichen, unter Buchen,
musst du gar nicht lange suchen.

Schad' ist nur, dass die Maronen
sich nicht einfach lassen klonen.

Ich finde nur einen Bovist
und der schmeckt nicht, ist also Mist.

Gar giftig ist der Fliegenpilz.
Als Gegengift hilft auch kein Pils.

Beim Parasol der Gaumenkitzel:
Man brät ihn einfach wie ein Schnitzel.

Riecht es von weitem, dann ist klar,
dass das eine Stinkmorchel war.

Beliebt sind speziell bei Diäten
besonders hübsche Herbsttrompeten.

Auch wenn des Röhrlings Lied ich sing,
wert ist er keinen Pfifferling.

Den Champignon genieß ich pur,
denn er ist reinste Pilzkultur.

Doch jeden Pilz werd' ich verschmäh'n,
seh' ich 'nen edlen Mischpilz stehen.

Galgenfrist

Dem, der gerne Algen isst,
dem droht nun eine Galgenfrist.
Der Verzehr wird bald verboten,
denn es gab schon manchen Toten.

Des Meeres Wasser ist versifft,
die Algen daher voller Gift.
Es mehren sich auch die Mikroben.
Die Fische schwimmen Bauch nach oben.

Man liest in immer mehr Artikeln
überall von Kunststoffpartikeln.
In Fischen, Fleisch und in Gemüsen
verstopfen sie dir deine Drüsen.

Ist dein Blut erst voller Plastik,
machst du nicht mehr lang Gymnastik.
'S geh'n nicht nur Algen vor die Hunde.
So richtet sich der Mensch zugrunde!

Persönliches

Brautwerbung

Du hast mich aus der Dunkelheit gerissen,
Du gabst mir wieder neuen Mut.
Es gab mal Zeiten, da ging's mir beschissen,
doch bis zur Hochzeit ist das Alles wieder gut!

Im Lauf der Jahre häuft sich die Erfahrung,
man hat so manchen Querschläger verdaut.
Doch warum sollt' ich dich nicht einfach fragen:
Wann wirst Du endlich meine Braut?

Auf zu neuen Ufern

Ich drücke mir die Nase platt
an so manchen Fensterscheiben
mit meiner Braut aus Diemelstadt,
um ein Sofa aufzutreiben.

Aus der Not wird eine Tugend,
ich mag braun, sie lieber rot.
Wir sind nicht mehr in frühster Jugend,
man sitzt nicht stets im selben Boot.

Ihr den Gedanken zu vermitteln,
sie sei nicht Gast in fremdem Haus,
und auch nicht alles zu bekritteln,
das fällt nicht immer einfach aus.

Doch allzu groß ist dann die Freude,
wenn man nun was gefunden hat
und das gefällt auch allen beiden
ganz gleich, wer es entdecket hat.

Old School

Ich bin ein altmodischer Mensch.

Ich liebe alte Häuser.

Ich lebe in alten Möbeln.

Ich fahre alte Autos.

Ich schätze gute Manieren.

Ich lege Wert auf Höflichkeit.

Ich habe gerne alte Gemälde an der Wand.

Ich helfe Damen in den Mantel.

Ich lasse Damen den Vortritt.

Ich mache im Bus Älteren Platz.

Ich liebe Mahagoni und Wurzelholz.

Ich käme mit einem Dutzend TV-Programme aus.

Ich möchte nicht immer erreichbar sein.

Ich schätze Freundschaft ohne Facebook.

Ja, ich bin ein altmodischer Mensch!

Tempus fugit

Wochenklage

Schon wieder ist die Woche rum.
Sie hat zu wenig Tage.
Im Grunde ist es wirklich dumm,
dass ich mich d'rob beklage.

Ein Jammer, wie die Zeit verstreicht!
Ich schau auf den Kalender.
Es wird jetzt wirklich höchste Zeit,
dass sich dran etwas ändert.

Ich sitze hier am Küchentisch,
sortiere meine Pillen.
Ich zähle vier mal sieben Stück,
auch wider meinen Willen.

Nur sieben Tage in der Woch'!
Das kann doch nicht genügen.
Verschwinden sie im schwarzen Loch?
Man will uns wohl betrügen.

Wenn nun die Zeit beständig rast,
dann brauchen wir mehr Tage.
Vielleicht als Plus am Wochenend?
Für mich gar keine Frage!

Altersprozess

Stehe ich am Morgen auf,
bin ich sofort ganz super drauf.

Denn vom stundenlangen Lesen,
bin ich seit Stunden wach gewesen.

Morgens beginnt es gleich im Bad.
Pech, wer so einen Spiegel hat.

Die Tränensäcke dick und schwer,
als hätt' man keine Freude mehr.

Es klappert noch nicht das Gebiss,
doch vor dem Zahnarzt hab ich Schiss.

Die Zähne sind auch nicht mehr weiß,
doch gibt es auch für gelb 'nen Preis.

Die Haut zerfurcht und voller Runzeln.
Das kommt bestimmt vom vielen Schmunzeln.

Und jede Menge Krähenfüße
bestell'n vom Lachen schöne Grüße.

Fast täglich neue Altersflecken
muss an den Händen ich entdecken.

Vom Schwund des Mineralien-Pegel
brüchig werden die Fingernägel.

Vom jahrelangen, vielen Bücken
hab ich 'nen ziemlich krummen Rücken.

Und auch der Ischias zwackt und zwickt.
Das find' ich ganz schön ungeschickt.

Allmählich höher wird die Stirn.
Doch ist dahinter jetzt mehr Hirn?

Daran glaube ich mitnichten,
ich kann nur heute besser dichten.

Gelassenheit

Komm ich allmählich in die Jahre,
plagt mich so manches Zipperlein.
Denn ganz so frisch kann diese Ware
mit 65 ja nicht sein.

Es kracht ein wenig im Gebälk,
solang nur statisch, gehts ja noch.
Der Lack wird auch so langsam welk
und blättert ab, ja sicher doch!

Bei Dauerlauf und Treppensteigen
zeigt sich, wie faul ich immer war.
Die Schnelligkeit muss sichtlich leiden,
doch merkt man's nicht unmittelbar.

War ich bisher häufig ein Träumer,
dachte, mir wird schon nichts passier'n,
plagt mittlerweile mich das Rheuma,
hab Angst, die Sinne zu verlier'n.

Der äußere Schein ist noch ganz proper,
bin immer noch ganz gut dabei.
Haut einen zwar nicht mehr vom Hocker,
doch reicht's noch für die Nummer zwei.

Es gibt jedoch auch vieles Gutes,
welches das Alter einem bringt.
Die Hauptsache ist nur, man tut es,
wenn es denn einen danach drängt.

Die Zeit ist da für neue Dinge,
die ich schon lange machen wollt.
Damit dieses auch gut gelinge,
hoff' ich, mir sind die Musen hold.

Sehr gerne wär' ich selbst geflogen
über den Wolken Reinhard Mey's.
Ich hab zu lang mich selbst belogen,
mir war zu hoch dafür der Preis.

Ich muss jetzt nicht mehr Rücksicht nehmen
auf das, was jemand von mir denkt.
Wenn Jener meint, ich sollt' mich schämen,
halt ich ihn schlichtweg für beschränkt.

Nun kann ich mir den Luxus gönnen,
ich muss jetzt nicht mehr Erster sein,
und darf auch mal verlieren können.
Statt Vollgas reicht jetzt auch ganz leis.

Der Weg als Ziel ist die Devise.
Dabei sieht man 'ne Menge mehr,
vermeidet manche Ehekrise,
regt sich nicht auf bei viel Verkehr.

Muss niemandem mehr wohl gefallen,
falls ich denn dies nicht selber will.
Muss keinem mehr etwas beweisen:
"Halt er den Mund und sei fein still!"

Ich freu' mich, endlich zu genießen,
dass ich ganz ohne Druck ICH bin,
darf über's Ziel hinaus mal schießen.
Das ist für mich der Hauptgewinn.

Altersweise

Steh ich am späten Morgen auf
nach schlaflos vielen Leseseiten,
bin ich natürlich super drauf,
als wär' die Nacht nicht da gewesen.

Und dann das Spieglein an der Wand.
Es fasziniert mich stets von neuem:
der Kerl ist mir ganz unbekannt,
soll ich ihn waschen und mich freuen?

Die Zähne nicht mehr strahlend weiß -
zwar klappert noch nicht das Gebiss,
ich bin ja noch kein Tattergreis -
doch vor dem Zahnarzt hab' ich Schiss.

Statt glatt wie in der Jugend Süße
oder so wie auf meinem Bauch,
zeigt mein Gesicht nun Krähenfüße,
und Tränensäcke leider auch.

Täglich wird die Stirn jetzt höher
und es scheint der Skalp durchs Haar.
Die Glatze kommet immer näher.
Das find' ich gar nicht wunderbar.

Den Vorteil einer hohen Stirn
kann ich noch nicht so recht gewichten.
Doch ist dahinter jetzt mehr Hirn?
Ich kann nur heute besser dichten.

Es zieht und zwackt in allen Gliedern,
man sagt leichthin "ich habe Rücken".
Der Ischias grüßt mich immer wieder,
ich stöhne leise vor Entzücken.

Ich möcht' euch Youngster nicht schockieren,
denn euch erwischt's auch irgendwann.
Ich kriech' noch nicht auf allen Vieren,
es fängt nur schon ganz langsam an.

Greisenhaft

Das Leben nicht mehr zu genießen
vor Krankheiten sich zu verdrießen,
nur mit Rollator sich bewegen:
Ist das Alter nun ein Segen?

Wenn man es kaum mehr kann erwarten,
Blümchen von unten zu betrachten,
lebt man als Witwer nicht allein.
Es ist zu voll im Pflegeheim.

Man ist von Alten nur umgeben,
die sich gar nicht mehr bewegen.
Das ist es, was mich wirklich schafft,
denke ich an die Greisen-Haft.

Ich stelle mir vor ...

Manchmal, da denke ich, ich möchte nur noch genießen:

Landschaften
Reisen
Kochen
Wein
Zweisamkeit
ein Abend mit Freunden

Ich stelle mir vor, es wäre auf einmal vorbei:

Peng, ausgeknipst
Rollstuhl
Koma
Chemo
Parkinson
Arthrose, Gicht oder so'n Scheiß

*Sollte ich mich vielleicht auf einiges gar nicht mehr
einlassen?*

Zeitdruck
Stress
Streit
unfreundliche Zeitgenossen
Intrigen
Arschlöcher

Tierisches

Neue Tierarten

In mir schlummert schon sehr lang
ein ungestillter Forscherdrang.
So drängt es mich, speziell bei Tieren,
ganz neue Arten aufzuspüren.

Weder im Zoo noch im Gehege
kreuzt Ungewohntes meine Wege.
Nein, geh' ich in den Supermarkt,
kriege ich fast 'nen Herzinfarkt:

Im Kühlregal bei Wurst und Mett
entdecke ich "Lummerkotelett".
Da frag ich mich: Ist wohl das Lummer
ein Meerestier so wie der Hummer?

Neulich entdeckte ich sogar,
ich fand es schon etwas bizarr,
"Schmetterlingssteak" stand dort geschrieben.
Für alle, die Insekten lieben?

Was sind denn wohl Tiefsee-Scallops?
So was wie Königsberger Klops?
Ich kannte nur Coquille Saint Jacques.
Gibt's Klöpse jetzt im Kilopack?

Gekreuzt wird jetzt auch Fleisch mit Fisch:
Lammlachse her auf jeden Tisch!
Find' ich die auch mit Schwanz und Kopf
als Bouillabaisse im Suppentopf?

In Kölle ist der Halve Hahn
in jeder Kneipe stets vegan.
Hat man bereits mit Pfeil und Bogen
dem Huhn die Lebenslust entzogen?

Und in der allergrößten Not
zeigt das Menü mir Krabbenbrot.
Tat man die Tierchen fein zerhacken,
um aus dem Mehl dann Brot zu backen?

Hunderassen

Es gibt Hütehunde wie den Schäferhund.

Es gibt Mützenhunde wie den Pudel.

Es gibt sportliche Kampfhunde wie den Boxer.

Es gibt Stadthunde wie den Weimaraner.

Es gibt ausländische Hunde wie den Spaniel.

Es gibt naturgewaltige Hunde wie den Windhund.

Es gibt labile Hunde wie den Wackeldackel.

Es gibt Reinigungshunde wie den Mopps.

Pudeludel

Pudelmütze

Spontan fiel mir die Pudelmütze
hinein in diese Sudelpfütze.

Pudelwohl

Wenn ich den Hundekuchen hol,
dann fühle ich mich pudelwohl.

Pudelnackt

Wenn mich das Badefieber packt,
bin ich am liebsten pudelnackt.

Des Pudels Kern

Hör ich die Stimme seines Herrn,
erkenne ich des Pudels Kern.

Königspudel

Zu klein ist mir der Königspudel.
Drum wähle ich den Labradudel.

Kegelpudel

Werf' ich beim Kegel einen Pudel,
dann ernte ich kein Lobgehudel.

Rettungspudel

Gerate ich in einen Strudel,
errettet mich des Bäcker's Pudel.

Moby Dick

Weit entfernt von den Kaimauern
schreckliche Gefahren lauern,
wie nur Monster sie gebaren
in der See vor tausend Jahren.

Doch am Strand, beschwingt und heiter,
geht das Leben munter weiter.
Kinder spielen in der Sonne.
Diogenes döst in der Tonne.

Plötzlich und ganz auf die Schnelle
kommt die erste große Welle
und gleich hinterher die zweite,
trifft den Strand in voller Breite.

Ob das ein Tsunami war?
Dann droht riesige Gefahr.
Oder ist es nur ein Sturm?
Und ich nur ein armer Wurm?

Baywatch Pamela Anderson
macht als Erste sich davon,
gefolgt von David Hasselhoff -
den fand ich schon immer doof.

All die anderen Lebensretter
stimmen ein in das Gezeter.
Blitzesschnell evaluiert
und sodann exekutiert.

Der Strand ist leer und, ungelogen,
erwartet man die nächsten Wogen.
Doch bleibt zum allgemeinen Glück
das Meer in seinem Bett zurück.

Doch da passiert's: ganz unverdrossen
schlägt jetzt ein Wal mit seinen Flossen,
holt sich so den speziellen Kick.
Man raunt: ist das nun Moby Dick?

Mäusekot

In Zeiten allergrößter Not
hilft manchmal nur noch Mäusekot.
Empfahl mir einst ein alter Knabe,
gesegnet mit der Hellsicht Gabe.

Ich dachte mir, was für'n Idiot!
Es hilft doch niemals Mäusekot,
nach einem Unfall Hilfe holen.
Ja, will der Mann mich denn verkohlen?

So frage ich ihn denn erneut,
wie Mäusekot sein Herz erfreut,
wähnt er sich in schlimmer Lage.
Kommt so der Notarzt mit der Trage?

Der Mäusekot sei ganz patent,
schon weil ein jedes Kind ihn kennt.
Man kann ihn klopfen oder funken
und Hilfe kommt herbeigewunken.

Drei kurz, drei lang, drei kurz, so geht er
und ruft herbei die Sanitäter.
Auf einmal da begreife ich es:
Er meint den *Morse-Code* SOS.

Artenvielfalt

Das Reh

Es steht ein Reh am Waldesrand.
Ich kenn sein'n Namen nicht.
Vielleicht heißt es ja Willy Brandt?
Vielleicht aber auch nicht.

Der Hecht

In einem Teiche leben Unken
und das tun sie gar nicht schlecht,
wenn sie einander untertunken.
Doch dann kommt der böse Hecht.

Die kleinen Karpfen sind ganz ängstlich,
denn auch ihnen droht Gefahr.
Deshalb schwimmen sie nie westlich,
dort wo einst die Unken war'n.

Der Hecht ist auch ein armes Luder,
ihm ist von den Unken schlecht.
Zudem traf ihn am Kopf ein Ruder.
Im Ruderboot saß Bertolt Brecht.

Der Kröterich

Sehr lockte mich das Wolkenloch,
als ich aus meinem Kolken kroch.

Da sah ich sie am Kolkenrand,
wie sie sich ihren Senkel band.

Sie trug ein Kleidchen ganz aus Chintz
und wartete auf ihren Prinz.

Dass der nicht kam, bracht sie in Nöte.
Sprach: Besser ich nehm' doch die Kröte.

Sie küsste mich auf Maul und Kopf.
So wurd' ich Prinz, ich armer Tropf!

Der Maulwurf

Als ich mit meinem Hund spazierte,
ein Haufen meinen Garten zierte.
Die Wiese vor mir voll mit Hügeln
möcht' am liebsten glatt ich bügeln.

Als ich den Maulwurfshügel trat,
wurd' mir bewusst, es ist schon spat.
Denn hinter diesen dunklen Hecken
konnt' ich den Gräber nicht entdecken.

Ständig im Finstern leben müssen,
ist doch wirklich echt beschissen.
Und stets die Schnauze voller Erde,
dazu bekäm'n mich nicht zehn Pferde.

Doch lebt er stets inkognito,
kein Schickimicki oder so.
Auch Smalltalk muss er nicht erdulden
in seinen tiefen Erdenmulden.

Er braucht auch niemals Taschengeld
in seiner dunklen Unterwelt.
Denn was könnt' er sich dort schon kaufen?
Nicht mal 'nen Wodka, um zu saufen.

Vielleicht 'nen Spaten, um zu graben?
Den muss er eigentlich nicht haben.
So ohne echte Perspektive
wühlt er im Dunkel durch die Wiese.

Er ist doch nur ein armes Schwein
so ständig ohne Sonnenschein,
sich nur am Erdgeruch berauschen.
Ich möchte' bestimmt nicht mit ihm tauschen!

Die Libelle

Die Sonne scheint und blitzesschnelle
düst durch den Garten die Libelle.
Sie schwebt nach links, dann wieder rechts.
Ist sie wohl weiblichen Geschlechts?

Ich find', sie könnte Linda heißen,
so wie die Strahlen auf ihr gleißen.
Mit ihren raschen Doppelflügeln
kann sie den Forscherdrang kaum zügeln.

Womit verdient sie nur ihr Brot
im Morgen- und im Abendrot?
Beim heut'gen Angebot an Drohnen
kann's Überwachen kaum noch lohnen.

Bestäuben können and're besser.
Vielleicht ein Job als Mückenfresser?
Vermutlich werd' ich nie ergründen,
ob sie sich nährt aus anderen Pfründen.

Schwanenglück

Betrübt ging ich mit Hündin Liese
des Morgens auf die Allerwiese.

Von fern sah ich ein Schwanenpaar.
Da ging 's mir wieder wunderbar.

Toter Specht

Ich hör den Specht am Baumstamm hämmern.
Bestimmt kriegt er ein Hämmatom.
Das kann sich mit der Zeit verschlimmern.
Ob sich das denn auch wirklich lohnt?

Denn tief am Stamme nagt der Biber.
Der Baum gehört ihm nicht allein.
Er nagt und nagt fast wie im Fieber.
Das wird der Buche Ende sein.

Auf einmal kracht der Baum zu Boden.
Das war des Bibers üble Tat.
Zerquetscht kam so der Specht zu Tode.
Da ha'm wir wieder den Salat.

Zeckenglück

Ne üble Plage, neben Schnecken,
sind bei uns im Wald die Zecken.
Sie sind Gefahr für Mensch und Hund,
und kratzt man dran, wird der Biss wund.

Entdeckt man eine voller Schrecken,
hüte man sich, sie auf zu wecken.
Denn ist die Zecke erstmal munter,
rutscht sie dir gern den Buckel runter.

Sie klettert gern ins Hosenbein
von unten rauf von ganz allein.
Dort findet sie - für sie ein Glück,
Zugang zu deinem besten Stück.

Sie zwackt dich dann - für sie 'ne Feier,
voller Vergnügen in die Eier.
Dort saugt sie dann, wie sie nur kann,
Blut aus dem edlen Teil vom Mann.

Das Blut (ich sag' dies ohne Hohn),
fehlt dann für deine Erektion.
So zeigt die Zecke ihre Waffen
und lässt dich ganz gezielt erschlaffen.

Waden

Die Zecke biss mich in die Waden.
Jetzt hab ich einen Zeckenschaden.

Ich blies die Zecke weg mit Dampf.
Nun hab ich einen Wadenkrampf.

Heidelberg

Ich wäre gern ein Heidelbär in Heidelberg am Neckar.

Ich fräße alle Töpfe leer. Das wär unheimlich lecker.

Im Grunde steckt so 'n Heidelbär doch auch in dir und mir.

Dadurch ist er auch ganz gewiss kein ausgestorbenes Tier.

Großwildjagd

Donner, Blitz und Ungewitter
machen vor dem Zoo nicht halt.
Berstet das Gehege-Gitter,
flüchten Tiere in den Wald.

Panther, Löwe, Jaguar, Tiger
brechen aus, das ist doch klar.
Reißen wir die Zäune nieder!
In die Freiheit - wunderbar!

Wo ist der Tiger hin entschwunden?
Insidern war gleich sonnenklar:
man hat bei Esso ihn gefunden,
im Tank, wo er schon früher war.

Der Löwe ist nicht weit geflüchtet,
kam bis zum ersten Haus am Platze.
Im Lions Club wurd' er gesichtet,
wo er anklopfte mit der Tatze.

Am Abend wird es offenbar ,
was man zu denken kaum gewagt.
Es fehlt ein flinker Jaguar
und es beginnt sofort die Jagd.

Der Suchtrupp streift mit viel Courage
durch manches Viertel dieser Stadt.
Bis endlich man in 'ner Garage
den Jaguar gefunden hat.

Der Herr der Dinge

Fünf Schwäne ziehen bedächtig ihre Kreise auf dem Vierwaldstätter See. Sehr würdevoll ignorieren sie den dezent aufgeregten Trubel der Menschen an diesem lauen Sommerabend.

Eine seltsame Melange aus Urlaubsstimmung, aufgeregt fotografierenden Japanern, Gelassenheit und einer unbestimmten Sehnsucht drängt sich dem Betrachter auf seinem Hotelbalkon auf.

Der Wein ist zwar kein Fendant, sondern aus den Tälern Kaliforniens, doch auch damit lässt sich der frühe Abend vortrefflich genießen.

In der Ferne kreist über dem See ein Adler, ganz majestätisch, so als habe er alles unter Kontrolle. Ganz der Entscheider, was er zu tun gedenkt mit dem, was er so sieht aus seiner übergeordneten Warte.

Leben oder Tod? Man muss ja nicht, es genügt zu wissen, dass man könnte.

Die fünf Schwäne unter ihm? Ebenfalls zu majestätisch, um Beute zu sein.

Die Möwen? Zu unwichtig, zu banal, um sich daran jetzt zu verschwenden.

Es scheint, als stünd' er über Zeit und Raum. Was ist Geschwindigkeit? Alles eine Frage der Perspektive. Von oben herab, ganz einfach souverän, ohne jede Anmaßung, gewissermaßen über den Dingen stehend.

Der Adler zieht vorbei, schraubt sich höher und höher in Richtung Alpengipfel. Lässt Drachenflieger unter sich: wie angestrengt, wie unbedeutsam. So, als beherrsche er die Welt, entschwindet er 'gen Horizont.

Ist er vielleicht eines Menschen Seele, die sich den irdischen Beschränkungen entzogen hat? Die souverän und lastenfrei sich über die Nichtigkeiten unserer Realität erhebt?

Er ist entschwunden. Wir bleiben zurück. Die Glocken der Luzerner Kirchen läuten.

Touristisches

Bahn brechendes

Bahn brechendes tut sich, …

wenn es in erstklassigen Bahnwaggons drittklassige Abteile 2. Klasse gibt

wenn Triebtäter im Triebwagen über den Trieb klagen

wenn man im ICE den Film ICEAGE schaut

wenn der Lokführer eine lockige Blondine in die Lok lockt

wenn der Schaffner nach langem Schaffen geschafft ist

wenn der Zugbegleiter am Zug ist, ohne Begleitung einen Zug zu begleiten

wenn Passagiere im Schlafwagen über wenig Schlaf klagen

wenn es auf dem Bahnsteig zugig ist

Strandspaziergang

Dem Meeresrauschen lauschen.

Mit den Muscheln kuscheln.

Spitze Steine, große, kleine.

Mövenpick im Schlick.

Möwenschiss und Mückenbiss.

Füße in der Gischt, das zischt.

Die Flut kommt voller Wut.

Sand zwischen Zehen. Kinderflehen.

Burgen machen. Kinderlachen.

Strandkorbwonnen bald zerronnen.

Hundegebell, jetzt aber schnell.

Teer löst sich schwer.

Sich um Algen balgen.

Tote Fische. Meeresfrische.

Harte Bojen - weiche Kojen.

Sintflut und Strandgut.

Erst Meerblick dann Weitblick.

Alles zu seiner Gezeit.

Vogesen

Ich fahr so gern in die Vogesen,
denn dort ist es wunderschön.
Man kann vom Alltag dort genesen,
und sich mit Genuss verwöhn'n.

Es gibt in vielen kleinen Orten -
die Milch ist dort besonders schön -
ganz sicher tausend Käsesorten.
Und daran kann ich mich gewöhn'n.

Das Land, in welchem die Vogesen,
in dem ich gerne übernachte,
besteht aus Tausenden von Käsen,
nach denen ich beständig schmachte.

Man nennt es auch das Reich der Franken.
Dort gibt's die allerfeinsten Weine.
Nach dem Genuss komm ich ins Wanken,
denn da versagen mir die Beine.

Tauchernorm

Die neugeschaffene europäische Norm DIN EN 9876508/15 sieht vor, dass Taucher aus Sicherheitsgründen mit Wirkung von 31.04.2021 Schwimmwesten tragen müssen. Damit soll das Risiko des Ertrinkens drastisch verringert werden. Zuwiderhandlungen können mit Untertauchen von bis zu drei Jahren geahndet werden.

The End

Ende gut – alles gut

Hat Ihnen, werte(r) Leser*in, dieses Buch gefallen? (Hoffentlich habe ich das jetzt politisch korrekt hinbekommen!). Dann freuen Sie sich doch schon auf das nächste Werk von Robin Hut, eine Sammlung von Kurzgeschichten voller Humor, Spannung und Überraschungen. Näheres unter:

www.der-wortspieler.de

Es heißt "Wendepunkte und andere Schicksale" und ist Ende 2020 im Hamburger Verlag **tredition** erschienen. Auf den folgenden Seiten finden Sie eine Leseprobe.

Ich bin übrigens schon ganz gespannt auf Ihre Kommentare zu den "Undichtigkeiten" und freue mich auf Anregungen, Kritik, wohlmeinende Verrisse und ultimative Lobeshymnen. Schreiben Sie mir eine E-Mail an:

robin.hut@der-wortspieler.de

Und nun die versprochene Leseprobe aus dem Buch „Wendepunkte":

Der Lottoschein

Der Lottoschein

Siegfried ist das, was man gemeinhin eine graue Maus nennt oder einen grauen Mäuserich. Als Disponent bei einer großen Spedition ist er eigentlich noch nie jemandem aufgefallen. Würde man überhaupt bemerken, falls er einmal nicht da wäre? Mit dem pompösen Namen ist Siegfried ohnehin gestraft. Als Kind wurde er immer gehänselt. Statt groß, blauäugig und blond, wie seine Eltern ihn sich vielleicht gewünscht hatten, ist er untersetzt, bierbäuchig, mit müde dreinblickenden Augen in einem undefinierbaren grau-braun. Und seine beginnende Glatze verleiht ihm auch nicht gerade Heldenformat.

Seit Jahren spielt Siegfried immer dieselben Zahlen im Lotto, gewinnt alle paar Wochen mal 8 Euro oder auch mal 10,50, immerhin so viel, dass er überhaupt weiterspielt. Die Hoffnung stirbt zuletzt. Seine Zahlen kann er schon im Schlaf herunterbeten, ebenso wie seine Frau Cindy. Es kommt auch schon mal vor, dass er vergisst, den Lottoschein zu verlängern und sie für einige wenige Ziehungen keine Gewinnchance haben. Es wäre natürlich fatal gewesen, wenn ausgerechnet während dieser Lücken 'seine Zahlen' gewonnen hätten. Aber das ist zum Glück nie passiert in den vergangenen dreizehn Jahren. Zum Glück? Na ja, das hätte ja aus dem Glück wohl eher ein Unglück gemacht.

Es ist Mittwoch. Siegfried ist auf dem Heimweg von der Spätschicht, als er um 19 Uhr im Autoradio hört, wie die Nachrichtensprecherin die Ziehung der Lottozahlen verkündet: 7 - 8 - 11 - 25 - 35 - 36. Er kann es kaum glauben. Das sind seine Zahlen. Sechs Richtige! Wahnsinn!

Vor Freude völlig aus dem Häuschen kommt er in sein Reihenhaus in der grauen Vorstadtstraße, typisch für die Bergarbeitersiedlungen aus Großvaters Zeiten. Siegfried umarmt seine Frau, was er schon lange nicht mehr getan hat, und führt einen Freudentanz auf.

Nach dem Abendbrot feiern sie mit einer Flasche Rotkäppchen-Sekt, machen Pläne, was sie mit der Million anfangen werden, welche Träume sie sich erfüllen werden: eine Kreuzfahrt in die Karibik, ein neues Auto statt des rostigen Opels, eine neue Küche mit Induktionsherd so wie in der Kochshow im Fernsehen. Cindy könnte ihre Putzstelle aufgeben. Beschwingt und leicht beschwipst gehen sie ins Bett und lieben sich, das erste Mal wieder seit Jahren.

Am nächsten Morgen schaut er in die Küchendose, in der er immer den Lottoschein aufbewahrt, seit 13 Jahren. Immer! Nur heute ist er nicht zu finden. Ausgerechnet heute! Wo ist der Lottoschein? „Du hast ihn doch gehabt." „Nein Du!" „Das kann doch wohl nicht wahr sein!"

Beide durchsuchen jeden Winkel des Hauses, durchsuchen jedes Kleidungsstück, drehen jede Tasche von innen nach außen. Sie schauen in die Ritzen zwischen den kunstleder-bezogenen Sofapolstern: Erdnüsse, eine Büroklammer, ein Einkaufszettel, ein billiger Werbekuli, aber kein Lottoschein.

Es bleibt nur noch der Müll. Dass der Lottoschein aus unerfindlichen Gründen irgendwie versehentlich weggeworfen wurde, unverzeihlich! Aber etwas Anderes bleibt nicht mehr übrig. Siegfried kippt die Mülltonne aus, die im kleinen Vorgarten hinter der vernachlässigten Hecke steht - nichts. Also mit der Müllabfuhr telefoniert. Dann ab zur Mülldeponie. Mit Engelszungen und schließlich einem Fünfziger erfleht er die Erlaubnis, sich auf der Müllhalde umsehen zu dürfen. Aber wo? Man sagt ihm, wo zuletzt abgekippt wurde. Siegfried sucht nach der sprichwörtlichen Nadel im Heuhaufen. Egal, es gibt keine andere Wahl. Er muss irgendwo anfangen. Ausgestattet mit Gummihandschuhen und Mundschutz durchsucht er tagelang, wochenlang die Müllhalde, meldet sich krank, isst kaum noch, schläft kaum noch. Jeden Tag bei Sonnenaufgang beginnt er zu suchen. Sucht bis er vor Erschöpfung nicht mehr kann.

In seiner Verzweiflung wendet er sich an das Fundbüro, die Lottoannahmestelle, die Lottogesellschaft. Niemand kann ihm helfen. Ohne den Lottoschein läuft nichts.

Siegfried erscheint nicht mehr zur Arbeit, kann nicht aufhören, im Müll zu suchen. Irgendwo muss der Schein doch geblieben sein! Oder doch nicht? Aber wo dann? Und wenn er ihn findet, ist er dann noch lesbar? Oder völlig aufgeweicht? Siegfrieds einzige Begleiter sind die Krähen, die mit ihrem ständigen 'Krah, Krah' die Müllberge nach Essbarem absuchen, fast so wie er selber. Und der Lärm der Müllautos, wenn sie ihre Pressen entleeren, sowie der Radlader, die die Müllberge verteilen.

Er sucht weiter im Müll, findet eine alte Pistole. Mit sowas hat er keine Erfahrung. Ist sie geladen? Funktioniert sie noch? ...

* * *

Möchten Sie wissen, wie die Geschichte weitergeht? Dann schauen Sie mal in Robin Huts zweites Buch „Wendepunkte und andere Schicksale!

FSC
www.fsc.org

MIX

Papier | Fördert
gute Waldnutzung

FSC® C083411

Zeitfracht Medien GmbH
Ferdinand-Jühlke-Straße 7
99095 Erfurt, Deutschland
produktsicherheit@kolibri360.de